dia quente de inverno
Camilla Loreta

cacha
lote

dia quente de inverno
Camilla Loreta

No primeiro mundo só se via milho e cascas

1.

Arrastam as meias em contínuo
serpentino sagrado
As crianças sujam os pés
protegidas pelo algodão

2.

cada pequeno farfalhar dos pés revela mínimos segredos
a água quente desce pela garganta
revelando um estômago barulhento
as manhãs são sua parte favorita do dia, onde tudo está suspenso

3.

É tão bonito
(ao cozinhar bananas cortadas em rodelas)
que se abram em flor

4.

O cheiro parado
as partículas imóveis
o som abafado

o tédio como preparação necessária

5.

Tenho duas em mim
Digo duas pois outro dia falo das outras

Cindida, uma subjetividade potencialmente anêmica
cultivada pelo mundo exterior
rebelde em se manter múltipla

Dessas duas em mim, uma quer ser tudo, viver o mundo
Morar em todos os lugares

Conhecer todos os intelectos,
Ler tudo e ver também

A outra de mim se mantém no tempo das coisas
Não tem pressa
Lê devagar o mesmo livro há anos
come alimentos claros, vê o sol nascer da mesma janela, todos os dias.

Conserva cada canto, e com isso acredita que pode ser vista
grande
se dá muita importância.

Penso se essas duas de mim são opostas

mercurial
e saturnina

6.

Experimente I

ouvir a voz de
Johnny Hartman
na rede
onde você só pensa coisas boas

7.

Memória

perder palavras
nos cantos da boca

8.

Experimente II

Fazer um litro de iogurte
ao escrever poesias
na mesa da sala

9.

A flor clitória
Vinda do feijão borboleta
Sobe pelo aparato de madeira que pendurei para esse fim

Antes o feijão estava cheio de bichinhos parasitas leves
Que comiam a seiva das folhas

Fui ao mercado da Lapa e arranjei tabaco
Dissolvi na água
E passei pela planta durante quatro dias seguidos

Minha sala ficou com cheiro da boca de um pescador

Os parasitas se afastaram, viraram pó cinza que se espalhou pelo
apartamento
E as flores voltaram
Chamando abelhas sem ferrão para dentro de casa

-

Foi Esmeraldo Júnior que me contou
Antes de ter um filho polonês
Que as abelhas são parte do cotidiano indígena
Desde os Maias

Pois são elas que fazem a comunicação entre o céu e a terra

10.

Pupilas gigantes
o céu cinza
as mãos no carpete

11.

Até o mais antigo amor
encontra limite
retumba no profundo
e aparece na superfície
oferecendo-se aos desavisados

12.

Rochedo temporal
é o osso mais duro do nosso corpo

18   13.

admitir tristeza
coando chá
absorvendo a sombra do pote

14.

Vontades de estar em companhias de silêncio
e ao se apresentarem desato a falar
faço perguntas
anseio me toma
na mesa sozinha
 me volta
vontades de estar em companhias de silêncio

15.

Sólida fixa sedimentar

Não transpira
esfarela

goteja, formam-se pontas
peroladas

o barulho baixo da água corrente que abriga peixes-cegos e sapos
enormes

por dentro, o cheiro da cal

o úmido ao toque
é gelada
escorregadia
dura

16.

Precipício alado
afago
Repare os contornos do rio, não se enxerga nada
finca

Não se enxerga nada, pinga conteúdo em mim
 bênçãos invisíveis
ocultas da dobra da roupa
finca

evapora
 retorna

17.

Experimente III

O barulho da batata-doce cortada em rodelas
depois de tirá-la da água fervendo

—

Chutar um cubo de gelo no asfalto quente

—

Comer flocos de arroz açucarado
enquanto assiste a Asako I e II
preenchendo a boca de água

18.

vozes anteriores
segredando
  voragem chegou

24   19.

A pequena estátua de madeira
Vinda de Madrid
Permanece intacta

Abuela que trouxe de viagem
Dizendo que era pra você

A pequena estátua de madeira
Vinda de Madrid

Longe brilhou a memória de Abuela
Chamava pelo pai morto e pelas irmãs pequeñas

Os olhos cristalinos,
Sempre comedidos
de Abuela
Não vai pra casa de repouso, cariño
Não não vai pra lá
Não vai para casa de repouso, cariño
Não não vai pra lá

A pequena estátua de madeira
Vinda de Madrid
Permanece intacta

20.

lar da gravidade
braços contínuos, marcados no rasteiro sopro

se mantêm em pose ou singela aceitação
que está de pé
amante do soalho

transfere o que estava no topo
cabeça resvala devagar na poeira
que se acumulou da manhã

voragem toca
corpo corresponde
gira em torno de si, embrenha-se

cativa pequena ou grande
só sabemos que há de pular

até sentir a mandíbula soltar peso sobre o firmamento.

21.

No carro particular olho pela janela de trás a cidade passando, a avenida segue como lembrava, mesmo que vazia de gente e lotada de carros. O motorista não liga muito, concentrado nos resultados de futebol que o radialista comenta. Baixo a cabeça e sinto minha respiração pela máscara, quente, fecho os olhos e repito a pergunta antes feita, até onde vamos caminhar cobertos?

O carro segue em velocidade média, sinto a vibração das rodas sobre o asfalto, os barulhos dos carros na frente e atrás de mim. O motorista tem um cheiro engraçado, uma fragrância artificial, há no ar também um cheiro leve de suor. Abro os olhos e relembro que ele está vestido todo de preto, calça jeans, o cabelo cortado curto. No banco livre da frente um desodorante rola conforme andamos, imagino que ele pode ter praticado algum esporte, já que sequer fazia calor.

Tudo suposição, não sei muito bem por que fico nessas tentativas de descobrir a vida alheia, como uma espécie de enigma, mas enigma de coisas banais. Logo imagino ele voltando para casa e se deitando no sofá, olhando para a televisão e comendo um hot dog. Depois abrindo uma cerveja, naquele barulho misturado de jogo e cidade ao fundo, tudo escuro. Esse homem tem jeito de quem vê televisão no escuro.

Tudo isso me distrai um pouco, preciso, minhas mãos suadas. Os livros na mochila, a janela aberta, o cheiro da rua do carro e do motorista se misturam. Na rádio o programa esportivo acaba e a propaganda toma conta. O motorista troca a sintonia, e uma música pop preenche o carro, uma euforia que vem da melodia contamina meu corpo, começo a perceber como estou perto do encontro que marquei. O Largo do Arouche está cheio de moradores de rua, eles trocam alguma coisa, cobertores novos, provavelmente alguém passou por ali deixando aqueles cobertores, uma mulher dorme num colchão perto de uma árvore torta e fina, que projeta uma sombra sobre a calçada e metade do colchão.

A música pop acaba e uma nova canção inicia, é fácil perceber que pertence à década de 80, com seu tecladinho típico, me lembro de uma viagem que fiz há muitos anos, um amigo que dirigia um Kadett estava sempre colocando esse tipo de música, e lembro do nosso diálogo a caminho da praia:

— Sabe que essas músicas me trazem uma melancolia.
— Engraçado... é porque é meio triste, mesmo, coisa de época, coisa de gente deprimida essas músicas, tipo eu — dando uma gargalhada meio triste.

Meu namorado na época olha para o amigo e diz:

— A Sophia é assim mesmo, tipo o estrangeiro do livro, sabe? As coisas enjoam ela, o calor, por exemplo, faz ela mudar de personalidade, assim como a música. Ela se deixa levar.

Naquela época eu já não amava meu namorado, e nessa conversa senti os resquícios de paixão se esvaindo.

E então aquela música no táxi, com a vista da cidade em crise humanitária, me deu vontade de chorar. Talvez aquilo me fizesse ser vista como uma pessoa estranha, sensível demais, frágil... o fato de uma música perturbar tanto meu olhar sobre as coisas. Aquelas ondas sonoras, que viajavam pelo carro, chegando nos meus ouvidos e do motorista, fiquei olhando para ele, tentando entender se a melancolia também havia lhe provocado de alguma maneira. Mas por não conhecer aquele homem, não consegui distinguir.

22.

Experimente IV

Ver os braços de Clara
passando em asa
numa terça à noite

--

Ouvir Anouar Brahem
de olhos fechados
com as costas no chão, num dia quente

--

Na rede, onde você só pensa em coisas boas
lembrar de Dorival Caymmi

--

Recomendar a leitura de Pizarnik
às sensíveis à existência

23.

Palmeiras ou ventiladores da mata

1.

Dedos flutuando por dentro dos sapatinhos, meus pés sempre foram pequenos, motivo de espanto para a maioria das pessoas: Puxa, você parece tão alta! Agora vendo seus pés, percebo sua altura. É o que escuto quando tiro as meias, ou alguém usa meu chinelo.

Sentei na mesa de tampo vermelho e abri a boca no bocejo longo da tarde luminosa. A névoa cerrada lá fora cobria a vista da represa. Minha pele também úmida de sítio se acostumava ao clima que tanto diferia da cidade.

No chão de cimento a gata meio preta, meio branca dançava junto com um pregador. Sua postura era altiva e certeira. Corria levando a presa de madeira na boca e logo se esparramava outra vez.

Ele cozinhava uma sopa no fogão de duas bocas: Industrial, como me explicou.

Sua nuca aparecia por entre os fios castanhos. Fingia não observar, mas logo minha atenção se voltava àquele pedaço de pele que desejava ouriçar com a minha língua passando feito um tapete.

2.

Na cama um corpo nu sobre o meu.

Logo descobri a paixáo e supus ser a primeira vez a sentir.
Seria?
Naquele momento as dúvidas pareciam atrapalhar meu torpor, já náo
sei agora o quanto a euforia cegou meus reais sentimentos.

Encostado na minha coxa, ele olhou para minha tatuagem de serpente e
perguntou por que ela estava enrolada num ovo. Olhei para os olhinhos
curiosos dele e náo respondi nada, apenas sorri. Entendendo que náo
haveria explicaçáo, ele me mordeu no ventre, e logo desceu a minha
fenda, sorvendo o líquido que já escorria havia tempo. Acontece que
o torso dele me fazia molhar todas as calcinhas em qualquer hora, em
qualquer período lunar, e logo me derretia em prazer ao sentir o corpo
dele perto do meu.

3.

O céu lá fora, dourado, perto da represa, azul-claro. Deitei no deck de
madeira e chamei seu nome.

Ele veio com a gata, segurando-a de uma maneira engraçada, como
se ela tivesse patas e máos. Podia ter feito um vídeo e transformado a
bichinha num meme, mas esqueci e ri pra dentro e pra fora. Me pareceu
suficiente.

32   4.

de noite a cama parecia ter oito quilômetros. Não sei o porquê do número oito, mas era assim que sentia. A distância do meu corpo para o ele era funda, como um buraco vazio no meio de nós.

Encolhida, semidescansava, com medo de acordar o outro. de olhos abertos na escuridão, noite de roça, encarava a parede branca que recebia luzes do filme que passava na sala. O idioma era espanhol, frases dramáticas de dor ecoavam dentro do quarto atingindo também partes do meu corpo. Curioso que impactava primeiro meus pés pequenos, para depois chegar ao ventre e por último aos meus ouvidos.

Meu corpo partido recebia as ondas sonoras.

Talvez? Mas quando eu passaria a saber?
Podia ler para distrair as ideias, mas não queria incomodar, então segui observando a luz do filme. Luz azulada. A janela do quarto ficava na parede oposta à porta. Uma fresta de cortina de tecido brilhante permitia meu olhar ao mundo externo, eu também ouvia o vento, leve, que sacudia as roupas brancas no varal.

Encostei meu pé nele, mas logo o corpo todo retraiu e ele se afastou um tanto mais. Senti o arrependimento chegando, e o talvez cresceu com força na minha cabeça. Ao mesmo tempo, a textura de sua boca no primeiro beijo que demos. Achei que seria ruim, a boca dele vivia escondida atrás do bigode vasto que me fazia lembrar Tarkóvski, aquele homem tão bonito com sua boca escondida. Depois fui descobrir a vênus em câncer que levava no mapa, cheguei a cogitar que o bigode era uma metáfora perfeita daquela aparência, uma boca contida numa concha de pelos. Depois me senti tonta por pensar isso.

O espanhol seguia ressoando na sala, meus olhos abertos, o quarto tinha um cheiro de mofado. No sítio nada sobrevivia à invasão dos fungos. Só a floresta, repleta de palmeiras, que são o ventilador natural mais eficaz da mata atlântica. Ele que havia me contado sobre isso, que o formato das folhas fazia com que o vento entrasse em sopro gentil na mata, prevenindo a proliferação descontrolada de fungos.

24.

Os números acesos
a voz oriental do relógio
sorri com a língua por detrás dos dentes
meus seios pesados
minhas pernas se recusam a mover o ar noturno que passou
escondido entre os lençóis

25.

feito fúcsia tostado
arroto símbolos
empanados

36   26.

a mente densa.

um homem olha de costas a falta que lhe faz qualquer coisa. o corpo
todo reclamando, tentando expandir, a energia que lhe passa por toda
a pele.

são anos de luta.

fechando os olhos / sentindo o ar que passa por sua pálpebra. isso em
todos os lugares. ele acompanha quando faz frio ou calor.

—

se anda na rua, se percebe o andar, o receio de encontrar na esquina a
nuvem densa de sua própria imaginação, dizendo

aqui passei, desconstruí sua memória, invente outra base.

são muitas as encruzilhadas, e as pálpebras fechadas dizem que o ar
está úmido, deve chover em breve.

—

encarando a janela, no meio da tarde, uma vontade pouco mais que
grande. lá fora a chuva é tão leve que ela diz

parecem mosquitinhos brancos.

38   27.

Experimente V

Caminhar pela ponte
atuando destreza

28.

Sede (para Roberta Roque)

Se estico minha mão ao copo
Seria dela
A vontade de saciar o todo?

40   29.

Símbolos que não sei de onde vieram
saltam no papel à noite
algo cresce dentro de mim.

30.

Anotação dos sonhos

Estou tentando essa coisa nova
de deixar o celular na sala.

31.

Deitada na rede
Ajeito meu rosto
Para que minha orelha receba o sol que entra pela janela

Sinto os raios aquecerem meus tímpanos
Enquanto penso na melodia de
Emily
de Bill Evans

32.

sob um foco de ilumiação homogênea, higienizada
meu passado escancarado
 escarrado remorso
rosto alumiado
frestas que não fecham, não soltam líquidos espessos de ruído surgido
 um último retrato
a face fantasmagórica

seria vida minha ou busca de caminho

meus olhos tortos te miram, nariz torto, alma segue

33.

Experimente VI

Ler um livro
comprado num sebo no interior de uma cidade grande
e, ao final, descobrir que era Jazz
de Toni Morrison

34.

10 de abril

Comemos sopas caudalosas com macarrões e nacos de carne
No terreno ao lado uma construção para mais de quinhentos
moradores descansava pela madrugada
Enquanto Tom verbalizava suas primeiras consoantes

35.

Seria a poesia mercurial
e a prosa, saturnina?

só porque sou pós-romântica

36.

Tom articula as sílabas
gu
ba
gu

Ele articula de novo dentro das caixinhas vazias de chá
Chá de jasmim

Seus cabelinhos finos crescem enquanto isso, enrolando
os próximos da nuca juntam com o algodáo das coisas de bebê
formando pequenos novelos

37.

último instante

busca no desafogar dos outros
esperando explodir e catastroficamente
nos transformarmos em pedaços, poeira e ar

se tivéssemos cheiros de animais, se fôssemos animais

o desejo de que a rua estivesse deserta
depois cheia
e andar na ponta dos dedos pelo pouco espaço no chão
falando baixo

fi si o lo gia

38.

No céu
 o vento reinava o sol
e com isso
minha respiração não mais
dificultada
preenchia os intervalos sonoros de cada nota

os dedos roxos de apertar as cordas
aos poucos um dó maior se aproximava do que deveria soar
e por dentro da noite
construía as paredes vibrantes de uma música

39.

Au au ou queria inventar uma língua

Naná late para
Ônibus
Caminhões
Carros picapes
Homens velhos
Homens velhos com sacolas
Homens velhos com bengalas
Cachorros grandes
Carrinhos de supermercado

--

Vamos ao Parque Cemucam
E ela late para os saguis

--

Na casa de minha mãe
Late para os vizinhos quando chegam em casa

--

Na casa de meu irmão

Para os gatos que vivem no terreno baldio

--

Às seis da manhã da terça-feira no restaurante (vizinho de baixo)
Cozinheiras batem bife
eu abro a janela
e lato

--

No domingo a igreja cristã
Começa o culto às oito da manhã
Lato

52   40.

conta uma fofoca

da janela, ao fim de uma conversa infinita e (talvez) inútil
avistamos um objeto não identificado
      paira no céu

zzzzzzzzzzzz

41.

Como pode ser tão pequeno
o dedo da criança
que aponta para mexerica

42.

Diálogo

Essa seria a última semana para que você arrumasse sua casa
Depois o quê?
Alienígenas
Alicnígenas?
Sim, invasão alienígena

43.

Negrume crescente
Ela, pequena, avança
Do bote desconhecido
saltam lágrimas cegas

Conforto não ver mais o mundo tal como a luz dita

Agora sinto arranhar
areia na córnea

44.

Queria ter sua amizade (para Camila Mortari)

No pretérito imperfeito
Então
Finjo por um instante
Que comemos lámen num domingo frio
Junto com uma cerveja japonesa (e você sabe que é minha
combinação favorita, pois me lembra Murakami)
Falamos sobre sua imaginação, mais forte que a realidade
que fez nossas palavras se juntarem antes dos corpos amigos

só depois você percebe que eu luto boxe por ser imperfeitamente
raivosa
e assisto a séries sem graça, e acredito que o amor pode ser infinito
como uma eterna adolescente

45.

Ao contar até dez, Catarina ficou sem ar e olhou para seus pés. Aquela não igualdade entre os membros, a manca. Catarina. de um lado estava seu pé pequenino, do outro um pé no patins velho e rosa.
Rosado.

A chuva havia diminuído mas ainda sentia a névoa úmida. Estava parada em frente à porta de sua casa. Catarina.

Olhava uma mulher, a cena ridícula de uma mulher, perdendo todas suas coisas no asfalto, caíam de dentro, como cascata, da bolsa de lagarto.

Catarina andou mancando até a mulher, e ajudou.
Qual seu nome, menininha?
Catarina, a manca.

46.

Experimente VII

colocar um cronômetro de 10 ou 5 minutos
e escrever até tocar
a regra da brincadeira (pois é uma brincadeira) é não tirar a caneta do
papel até tocar o tempo final

47.

Quando as pessoas já não enxergam

Eles só queriam comer
Comer
Alimentos de salvação
Quando a rajada de tiros chegou aos muros já caídos

Eram vizinhos, cortados por uma linha verde imaginária
Sem nome
Mas patrocinada pelo óleo
Denso
Retirado de cada fundo de oceano

Elas só queriam ter uma infância
Infância
Essa palavra nem mais existia

-

A luz do celular emitia informações
Verdadeiras ou não
Dentro dela soavam distantes e próximas

Eram vizinhos, cortados por uma linha verde imaginária
Sem nome
Mas patrocinada por minerais

Pesados
Retirados por mãos pequenas da terra

–

Toda lente que recolheu algum traço de realidade perdeu-se nos escombros pálidos que se confundiam com a cor da areia.

48.

Experimente VIII

Comer pierogis
Com creme azedo
Enquanto ouve sua avó te elogiar em iídiche
Mishuguener

49.

Para uma pomba balzaquiana (ou para Gabriela Fellet)

de todos os corpos
O corpo
de uma pomba, esmagado no chão
contando tragicamente
o destino final do sangue aviário no asfalto
-

de tarde senti desejo de gorjear
Comecei a dançar na sala ao som da reforma do vizinho
Ele ouvia alguma playlist no youtube
Os braços dobrados
O quadril protuberante
Tocava *Is the final countdown*
Meu bico/boca preenchia a sonora melodia competitiva
Era eu
Era a pomba
Qual personalidade iria ganhar essa batalha?

50.

Experimente IX

Ouvir Johnny Hartman
seis da tarde
na baldeação da linha azul do metrô de São Paulo

64   51.

No trem se vê de tudo da paisagem
Entre as estações lapa e luz, três paradas
Um acorde de guitarra anuncia as chegadas
Observo as pessoas no reflexo
Elas têm medo de perder o lugar no transporte lotado
E não ter onde segurar quando o freio obrigar a gravidade dos corpos
segurar seus pesos firmemente no chão

Uma senhora ao meu lado
Tem mais de noventa
Se articula como uma garça, segurando em sua bengala de madeira

Sinto o cheiro
Que às vezes chega
Em locais cheios

Nos fones *Try your wings*
de Blossom Dearie

52.

Acordei entupida
Foi na festa, depois de nove horas de trabalho
Me permiti
Duas cervejas
Um desejo
Sem blusa, o frio de junho penetrou a pele e me fez acordar
Entupida

Abri o celular, em busca de antigos escritos, e encontrei
A cama
Que me fez pensar em
Esferas
de Sloterdijk e suas esferas de pertencimentos
A cama que sempre foi pra mim uma recusa do não pertencimento

Teve A cama desconfortável
Cheia de plumas, e por isso me engolia

A cama ferro
Cheia de pontas, por isso me cutucava

A cama-barco

Essa curou todas as outras, e minha existência começou a ser,
também, agradável.

53.

Ao leitor (ou à Clarice Lispector e Denise Levertov)

Falar dessa
Pois é essa
O meu desconhecido

Fatos são coisas mortas, como os mortos desconhecidos
E conhecidos

Comportamentos monstruosos que lentamente
Eu
Escrevo com o corpo
Na névoa gorda

E vocês
Leem
Enquanto um urso tinge, vagarosamente
A neve de açafrão

54.

Tem vezes que eu penso no meu avô
Com sua voz de palhaço
Seus modos trêmulos, as mãos com calos por ter sido metalúrgico
depois marceneiro

E tenho raiva dele
de seu cheiro de bebida
Suas quedas
Sua teimosia

Meu avô que deixa minha mãe e minhas tias nervosas
Com medo da morte

Envelhecer pode ser, no caso dele, perder um prumo da normalidade
Quando chegamos com seu corpo vivo e embriagado no hospital
As enfermeiras desejam que ele vá embora
O médico finge que ele não existe
E minha tia dá razão a todos
Pois é um bêbado

Meu avô tem excesso de fibra
Não tem doçura restante depois que a pinga entra
É um homem comum, como todos
Enterrou o pequeno menino que teve que começar a trabalhar
aos quatro anos pois a mãe morreu de tuberculose e o pai não se

68 importava, enterrou esse menino que foi
Se pensa nisso (como um dia pedi) fica lacrimoso e sem paciência
E estoura
Dizendo
Não quero saber do passado
É muito triste
Melhor ficar aqui

E bebe
Até ficar aqui, no chão, tão próximo ao chão
O chão concreto
Real
Tão próximo que deixa a pele da cor do chão
Escuro
Duro
 sangue batido
Mas não morre
Fez até tomografia na cabeça
E nada, não há nada
Diz o médico que o ignora e olha para nós com pena do peso que
acha que temos de carregar

Suas tonturas crescem enquanto ouve o amor de sua vida, sua esposa
(minha avó com nome de flor) perder a memória e chamar pela mãe
E dizer que tem cinco cachorros
E que as crianças estão em casa esperando

Ele não suporta a fuga do concreto, não suporta a imaginação de uma
velha demente
Ele quer que ela seja de verdade
Como ele
Um velho bêbado
Que acredita na realidade do álcool

bebe
e é como se sentasse no topo de uma montanha de histórias antigas
Sobre como pode aguentar tudo sozinho, como um homem,
E que lá de cima nem o vento, nem a tempestade o alcançou

E pode fingir que aquela história que contou mil vezes, com voz de
palhaço, quando lutou contra um crocodilo nas margens de um rio
sul-africano
Seja verdade

55.

é um bocadinho
mas é meu tanto

56.

A lua está na concha

57.

(para Alexandre Arbex)

O nefelibata abriu o celular
Mesmo vivendo em atmosferas outras
E avistou desafios mundanos em profusão

58.

Experimente X

Guardar um caderno por vinte anos
Achar por acaso
E aproveitar as palavras para escrever um novo poema

74   59.

Almofariz

Ela
Pequena
Observava o pai
Farmacêutico de cachorros
Triturar no potinho de cerâmica branco

O paciente, Nino,
Labrador preto, grandão,
Babava na mesa gelada de metal

Pai, que cara tem um cachorro velho que parece novo?

O pai parou o trabalho, olhando para ela (ou para o enigma) e depois
de alguns segundos voltou a macerar

60.

Experimente XI

Quebrar um pote
Para então colar suas partes
Como se fosse bonito guardar pedaços ajuntados

76   61.

Experimente XII

Ler Bing Xin
Observando a superfície da água
Como se fosse a superfície da pele

62.

Sonhei
Que abria uma caixa misteriosa
Lá dentro
Um peixe de vidro com as nadadeiras douradas

Os resquícios mais queridos

Acordei faminta
O domingo como um dia maravilhoso

63.

Disse
Esse é o calo de adáo dele
E rimos da minha mistureba

Já que não saberia dizer se estava falando

do pomo
do calcanhar

mais tarde ouvi Júlia dizendo
os homens são perigosos

64.

Amo profundamente Emily Dickinson
Lembro da leitura que fiz para Vitor
E isso faz minha cabeça doer
Logo meus glúteos ficam tensos e eu sinto o medo aparecer por entre
as dobras de tecido

-

Um coelho corre
Com medo de completar o buraco

65.

Experimente XIII

Comer uma flor
E com seu gosto doce no fundo da língua
Ouvir os sons da rua.

66.

(para Ana Cristina César)

Esse desejo de que tudo
Um dia

Me transformar em outra,
E essa outra

Ao abrir os olhos, olhar no reflexo
Seria a própria
Yoko Ono

-

A gente sempre acha que é
Yoko Ono

67.

Fingir que sei escrever sobre o amor
Até me deparar com suas costas cheias de pintas
Lisa
Ver sua boca mastigando frutos do mar num domingo

68.

Delicadezas

Enrolados os pés da pequena chinesa de cabelos perfeitos
Para que um general velho, com suas concubinas
A prenda numa casa com muitos cômodos e nada a fazer

69.

(
reter água)

intervalos regulares
o outro e sua maneira única de atuação

(melodias)

mover-se num dia quente de inverno

70.

Seria meu corpo a faísca
Do teu disparo

E nesse jogo de distâncias
Sua pele quente
de manhã, perto do ventilador
Queimando sem pressa
Alimentando os interiores molhados
Diz numa voz densa

Gosto meio doce meio amargo

Pelos negros, veias roxas
Canto do pescoço eriçado de tanta língua
como pele de aves

idiomas inventados

71.

Uma rede
que guarda
e expande

72.

Para os Guarani M'byá
No ouro não se toca
Esse é um espelho do sol

Se tocar há de pedir mais

Diamante também não
Espelho da lua

Ao tocar nos minerais sela-se um destino

Agora procuram a terra sem males

73.

Amanhecer

Pequeno sol sagrado
Que ajuda a levantar
me ajude a viver bem

74.

Fazer esforço
para manter o caminho
da pura
manifestação

75.

Círculo

Perambulando entre opostos
Perdidos
Uma forma inteira

76.

Diziam ser três
Antes agora e depois
Cada encontro de fio era uma pedra escrita
 nelas uma profusão de estrelas

77.

(Para Marta Pires)

No vapor
bolinhos cozinham
premeditando a primavera dos dentes

78.

Aprofundava lenta e persistente na areia
a tatuíra reluzia na maré baixa
e a luz da lua esfriava o tempo

94 79.

Sorvedouro

Dormia
ela observava seu corpo trocar
lento
O ar de fora pelo de dentro
Fazia tempo que estava assim, não conseguia evitar, olhos grudados
nele
sentia uma espécie de vertigem, mesmo deitada
levou a mão espalmada ao meio da barriga dele, de leve, onde o ar
morava
delicadamente, passou a ponta dos dedos ali
ele estremeceu, abrindo os olhos devagar, grudados
Tô roncando?
Com um gesto ele entendeu a negativa e voltou a dormir
ela manteve a mão ali, e o toque
aos poucos perdeu o controle dos olhos
Sonhou que entrava em casas italianas e dizia
mi dispiace

80.

Perder o controle dos pés
de tanto rodar no eixo
perceber com surpresa que o mundo todo mudou ligeiramente de
odor

81.

Tom cresceu
Agora já conhece arquétipos
Me chama de titiiia

-

Me ensina que repetir é a linguagem do amor
Tudo que faço
Ele também quer fazer
Porque confia

-

Gabriel faz a mesma coisa
Repete minhas palavras
Enquanto descemos a ladeira até encontrar uma garrafa de água de
coco

82.

Experimente XIV

Reverter o som
até o silêncio atingir
a multidão

83.

(com Gabriel Milliet)

Me mima
Me mama
Como é bom ser mamífero

84.

Fincada na areia
A tenda afunda
E flutua com o vento

100   85.

Areia que se move
Não segura cimento

86.

Chupa a ponta do seio
até pegar o formato de seus lábios
 com as mãos acorda
a Perigosa

102   87.

Escrever com a cabeça vazia
Encontrando sentido
Em nadar
Numa piscina pública
Limpa com sal
Em uma quarta-feira de cinzas

88.

A palavra está à espreita
Entre a poeira estelar
E o piano de Hoagy Carmichael

89.

Me permitir
Sofrer
Para que a dor
Depois
Fosse mais branda
E a nostalgia
realista

90.

Indo
Indo
Ir
Continuar
Indo
-
Tornar cada um no caminho iluminado
Percebendo a natureza dos fenômenos

91.

Experimente XV

Dançar, apoiando as mãos na parede rígida
E desistir
de falar com objetos mudos

92.

Os corpos grudados
Depois
  Vemos um casal petrificado pela passagem de cotopaxi

-

O suor marcando o lençol, no formato do torso
Como o casal petrificado marca a terra por debaixo

-

Imagina que a lava escorre
Densa
Do equador até são paulo

93.

Começo
Perna solta
Vontade solta
de mover o que parou dentro

Pela noite

Mentes de pedra, pequenas
Desciam

O topo segue sendo mistério
Sonhos de esforço

Pés pendentes na cama
Balança, sacode os dedinhos
O chá na xícara aguarda dissipar
Fumacinha

A velhice apaziguadora
A velhice que moveu estruturas
Fez subir o magma
de dentro à superfície

Como ágil sopro.

94.

Narrativa do chamado fim
Corpos fascinantes de olhar
Atônitos
Herdeiros genéticos
Criam impossibilidades de emancipar-se
Enquanto ele atira
Ela salga a comida
O sal e seus poderes míticos
Levanta o ar que até então parava nos meandros

Parece que nesse dia tudo ficou mudado

Como uma receita de feijão que sempre foi a mesma
E de repente já não era

95.

Seria tarde
Bem tarde
Na televisão as palavras em rosa
Rosadas
Assim como a carne crua do prato, sobre o arroz
Mergulhava no líquido salgado
Enquanto cantava para mim, embriagado de amargor
Smile, de Nat King Cole
Me desejando feliz aniversário

Te carreguei até o táxi, mais
Mais tarde ainda
E dormimos sem som aparente
Apenas o álcool e o shoyu circulavam em nossas veias

Ruidando.

–

O sentimento é uma espécie de pose
Depois das dezoito que estoura o barulho
Portas abrindo
Sabonete, cheiro, tangerina
Arroz quente

E o teu cheiro

Já deu 23

Você chegou, enquanto deitada
escrita no caderninho
de calcinha
Seu cheiro
Deve ser a soma de vários aromas enfileirados
Cerveja
Amigos
Torta
Desodorante
Suor

Manhã
Subi uma montanha e escolhi um lugar quente, com sombra
O inverno congelava os ossos
Fechei os olhos para adormecer e imaginar o corpo aprofundando em
água doce
Pensei no caminho
de reencontrar
Nebuloso e construído
Na foto, você assoprando a vela de sete anos enquanto eu olho pro
bolo com olhar vidrado

Leio Yun Jung Im
Pensando em asas, como era bom não ser um casal manco

96.

pitéu

No alto, pequeno, um pássaro cuida do céu

97.

O cachorro olhava
Calçada de outono
Os braços rígidos do entregador

98.

(para Renata Ferraz)

Corriam pelo sofá e poltronas
Pulando
Eventualmente (quem brinca trinca)
A menina tropeçou
E seus dentes fincaram na pele debaixo do lábio inferior
Cobriu com as mãozinhas
A mãe tentava ver o que causava o sangue escorrendo pelo queixo

-

O médico costurou
Dois
Pontos

-

Já adulta passava o indicador pelo relevo
Pensando na poltrona e como correr sem receio era bom

99.

O fogão na chama pequena
Despertou seu estado destituído
E acompanhou o peito afundar

Na caixa de som ouvia Paul Simon

100.

Experimente XVI

Segurar
entre as mãos
um lago

denso, contido, numa película emborrachada

Como passar o lago para um outro?

Primeiro dobre os joelhos, gentilmente
e quando a gravidade chegar
impulsione os braços

O lago fará a parábola da queda

E o outro – já com os joelhos dobrados
receberá o lago

denso, contido, numa película emborrachada

101.

Dançar, apoiando as mãos
na parede dura
e desistir de falar com objetos surdos

102.

no meio do céu de agosto
 ou qualquer mês escolhido

porque, de tempo, o mundo inteiro está preenchido. os olhos
observam-nos. uma fumaça latente nos permite prosseguir.

efetuamos buscas, encontros, no cair do sol, no meio da terra, onde
cozinham e congelam os pés cheios de raízes.

....

hoje tive aquele tipo de vontade de ter seu impulso inusitado. encosto
o caderno para ver se respiro. lá fora o ar continua a soprar, ou como
diria minha tia.

o som do silêncio.

...

no céu rasgado, uma paisagem que ocupa todos os tempos. sentadas numa sala de espera, olhamos a tempestade chegar. perto de muita água, tudo é feliz.

103.

existe um lunático.

uma espera constante, da luz, da busca do engano e do enganado.

as repetições.

deita o corpo esticado. traça as linhas de nível que ele ocupa da base do pé até a ponta do nariz.

já pensou nisso, que pé é base e nariz é ponta?

a ligação entre o pedido do corpo vibrando no espaço de incontáveis desejos. te estica, expande o peitoral do saber balançar no balanço do que se chama

e mesmo o fogo da abertura, o caimento do pano, o seu sorriso estampado na comida do almoço. tudo isso que era para ser nosso, e é.

toma-se com cuidado as pétalas dos lábios seus, ouve o que há para se conquistar. seu rosto no meio do êxtase brilhoso mínimo, no fundo escuro e estável do céu.

ectasia da aorta.

um milhão de pontos, bundas redondas de insetos luminosos. que a

infância atravessada por vozes diferentes as vezes aquece o quarto na
madrugada.

tomar suco de manhã. os olhos cruzados da experiência de estar, e
logo depois prosseguir.

104.

desassociar-se do milho, da plantação.

ir para cidade, aprender a usar calçado, procurar de novo por entre o cimento onde esconderam o rio.

do centro de lava líquida emergiram infinitos saltos de rochas negras

pega pra criar, embala a noite

à américa central

quando já é dia. ter a sensação que o sol bate diferente, é mais azul. e que a nuvem mais espessa entra em nossos ouvidos contando segredos de navegação.

andar com o trabalho nas costas. cada passinho, fecha os olhos. os sons são outros, são outros pássaros, outros tempos infinitos, outra água que corre entre os montes.
eu gostaria de desassociar o milho da minha conduta. mas não é possível, todo seco, igual a cana lá. é o que se tem. é o mato para correr, comer. elas servem em plástico, com coentro, tomate.

eu gostaria de ver mais, ouvir mais. as fotos foram essas, poucas, mas

todas de puro mistério, que é o mais importante.
eu não sei quando, como eu as tirei, como foi que eu formei esse
olhar que me agrada. parece que eu encontrei minha casa, minhas
sombras, meus desejos.

o seio
o colo
num rasgo de parede.

105.

Abnegação

eu venho por meio dessa derreter o ser.

explodi-lo, apagar o próprio.

descaracterizar a liga, a palavra vai perdendo e perde:
o lugar, a visão, o encontro.

impedir o corpo de reaparecer, no escuro calado, todo o peso do pé
num mar de entranhas pulmonares.

venho por meio dessa esquecer quem eu sou, dar o coro à razão, e
depois tirar dela todo poder.

106.

Faz tempo que não escrevo para vocês,

minerais.

que habitam todas as juntas, meus ligamentos.

hoje eu toquei: toquei a terra, o fruto, a flor.

olhei para os olhos dos magos espirituais , encarei de frente a
segurança. hoje eu lembrei e esqueci a infância que fui ensinada a
amar, prosperar.

e me perguntar, aonde foi parar o medo pulsante dos quatro cantos
escuros?

viraram luz, e devem voltar a escurecer. como tudo.

mar adentrou, eu lembrei, hoje eu toquei: toquei a terra, o fruto, a
flor.

107.

O fruto que cai devagar da árvore tem aquele momento

e o fecundar vai destruir a casa
comer a tinta, nascer de flores modificadas

janela pequena, vai sendo tomada, e as memórias que guardam sua
visão vão ficando dentro de quem acompanhou

mas não mais

quando a carne chega na areia, vira osso, e junta no mar.

cal branco

de noite, mosquitos.

e a calmaria de uma água densa

engana,
dá pra ver a cobra que chega, serpenteando, comendo peixes
pequenos, criando sua força interna.

madrugada,

e os pontos que refletem nos olhos
que sente o frio chegar

tomando conta dos subterrâneos que criou, forçando as portas falsas, querendo sentir o ar

108.

Nos meses de junho, julho e agosto as abelhas têm um problema

elas passam fome.

são meses de frio, sem pólen.
são nesses meses que elas consomem o próprio mel

Na Bahia se dá fubá para as abelhas nessa época, as pessoas acham
que é gosto.

mas é fome.

109.

fazer um filme com apenas as perspectivas internas de uma
personagem.

mas não uma câmera-olho

não.

somente imagens de fragmentos de memória.

voltei pra bicicleta, e caí no meio da avenida.

deixei o joelho ficar roxo, as mãos marcadas de asfalto.

o mundo devagar, passando, e o meu corpo caindo no chão, com
exatos segundos
na cola elástica do tempo.

110.

Paraquedas azuis
parados
o tempo indefere, inflama
aguarda
ele montava as unhas
anseia

Caiam, humanos

111.

(para meu irmão, Deni)

O círculo no canto esquerdo do quadro
A mão direita apoia um pincel
Sun
Sun
Sun
Queria apagar o entorno
Amarelo-esverdeado
Ficou escuro
Mas queria que continuasse sendo
Um
Sun
E assim não pintou de azul para não virar
Moon
Penso no menino
Sun
Sun
Sun

-

I know inside
Inside
The plant
Behind

Behind
The flow
Goes by
Goes by
The fruit
Hit my
Desire
Blue
Inside
Inside

112.

(Para Ana Estaregui)

Gosto é um suporte ontológico
Testemunha como as coisas são
Ouvi Ana dizer
Enquanto pensava no meu avô
Comendo mexerica
Dizendo
O sol se pôs ali
Então é o oeste

E no ar seu bafo cítrico chegou junto com as palavras

134 113.

Vou
Ficar
Vou
Ficar
Esquecer palavras
No canto das bocas
Memória
Lugares e planetas
Memória

114.

Bem longe daqui
Meu pai falou assim
Menina pequena não
Saluda a pedra
Bem longe daqui
Menino pequeno nasceu
Chorando também nasceu
Pedra gritou também
Bem longe daqui
Menina pequena nasceu
Lembrando também nasceu
Pedra lembrou também
Bem longe daqui
Com dois filhos na mão
Meu pai esqueceu também
Pedra silêncio ficou

115.

A transcendência se encontra
Aqui-
Se iluminar e lavar os pratos
Não morrer dentro de um pesadelo
E nos fidelizar ao vazio

116.

Experimente XVII

Ouvir na rua
Uma mulher vestida de negro
Ao telefone

Você me dizia
Comigo ninguém briga
Mas quando é no ônibus
Eles são assassinos!

e imaginar o resto

117.

O que se confirma com o tempo
A ele pertence

–

Pegue os cadernos
Minhas alucinações,
Verifique se escrevo ou desenho

Escrevo, escrevo muito, como quase com medo

Desenho, desenho pouco, como quase com vontade

–

Desejo
Vem de desiderium
Que, quebrado, dá

Desi– perder/considerar
Derium- astros

Desejo desorienta os astros

CARA LEITORA, CARO LEITOR

A Cachalote é o selo de literatura brasileira do grupo Aboio.

Lemos, selecionamos e editamos com muito cuidado e carinho cada um dos livros do nosso catálogo, buscando respeitar e favorecer o trabalho dos autores, de um lado, e entregar a vocês, leitores, uma experiência literária instigante.

Nada disso, portanto, faria sentido sem a confiança que os leitores depositam no nosso trabalho. E é por isso que convidamos vocês a fazerem cada vez mais parte do nosso oceano!

Todas as apoiadoras e apoiadores das pré-vendas da Cachalote:

> — têm o nome impresso nos agradecimentos dos livros;
> — recebem 10% de desconto para a próxima compra de qualquer título do grupo Aboio.

Conheçam nossos livros e autores pelo site aboio.com.br e sigam nossos perfis nas redes sociais. Teremos prazer em dividir com vocês todos nossos projetos e novidades e, é claro, ouvir suas impressões para sempre aprendermos como melhorar!

Embarque e nade com a gente.

Cada livro é um mergulho que precisa emergir.

APOIADORAS E APOIADORES

Agradecemos às 292 pessoas que confiaram e confiam no trabalho feito pela equipe da **Cachalote**.

Sem vocês, este livro não seria o mesmo.

A todos os que escolheram mergulhar com a gente em busca de vozes diversas da literatura brasileira contemporânea, nosso abraço. E um convite: continuem acompanhando a **Cachalote** e conheçam nosso catálogo!

Abílio Dias
Adriana Neves da Silva
Adriane Figueira Batista
Airton Luiz Vaiano
Alexander Hochiminh
Alice Umeki Kiyohara
Allan Gomes de Lorena
Amadeu Pereira Jr.
Amanda Santo
Ana Barros
Ana Carolina Di Giacomo
Ana Fernandes Xavier
Ana Maiolini
Ana Motta Silva
André Balbo

André Pimenta Mota
Andreas Chamorro
Anna Levin
Anna Martino
Anthony Almeida
Antonio Arruda
Antonio L L Queiroz
Antonio Pokrywiecki
Ariel Roemer
Arman Neto
Arthur Lungov
Barbara Marçon
Beatriz Beisiegel
Beatriz Maria Siaulys
Palma da Fonseca

Beatriz Mentone
Beno Netto
Bianca Laurino
Bianca Monteiro Garcia
Bonnie Dantas Costa
Bruna Brenner Lucchesi
Bruno Coelho
Caco Ishak
Caio Balaio
Caio Girão
Calebe Guerra
Camila Alves
Camila Coimbra
Camila Nunes de Freitas
Camila Santos Lima Fonteles
Camilla dos Santos Silva
Camilo Gomide
Carla Carneiro Do Nascimento
Carla Guerson
Carla Staszowski Semo
Carmen Adan
Cássio Goné
Cecília Garcia
Cecilia Lotufo
Cecilia Ribeiro de Faissol Attux
Cida Katsurayama
Cintia Brasileiro
Clarissa Metzger
Claudine Delgado

Cleber da Silva Luz
Cris Onaga
Cristhiano Aguiar
Cristina Koyama
Cristina Machado
Daniel A. Dourado
Daniel Dago
Daniel Giotti
Daniel Guinezi
Daniel Leite
Daniel Longhi
Daniela Rosolen
Danilo Brandao
Dany Rappaport
Denise Ciciliano
Denise Lucena Cavalcante
Denise Nunes Caparroz
Dheyne de Souza
Diogo Mizael
Dora Lutz
Dulcelina Maia Vieira
Edna Pereira Ignácio dos Santos
Eduardo Rosal
Eduardo Tarragô
Eduardo Valmobida
Elena Maria Pattacini
Eliana Menegon Zaccarelli
Eliana Villalobis
Eliane Simões

Elisa Leite Quadros
Elisa Machado
Enzo Vignone
Fábio Franco
Febraro de Oliveira
Fernanda Santanna
Fernanda Zanelli
Fernando Augusto de Andrade
Fernando Ferrone Correa
Fernando Pernambuco
Flávia Braz
Flavia Lantzman
Flávio Ilha
Francesca Cricelli
Francisco Pinheiro Machado
Frederico da C. V. de Souza
Gabo dos livros
Gabriel Cruz Lima
Gabriel Pinheiro
     Machado Milliet
Gabriel Stroka Ceballos
Gabriela Fellet
Gabriela Machado Scafuri
Gabriela Sobral
Gabriella Martins
Gael Rodrigues
Giovanni dos Santos Ghilardi
Gisela Maria Moreau
Gisele Grieco

Giselle Bohn
Guilherme Belopede
Guilherme Boldrin
Guilherme da Silva Braga
Gustavo Barros Rocha
Gustavo Bechtold
Gustavo Morita
Hanny Saraiva
Helena Kussik
Hemir Barição
Henrique Emanuel
Henrique Lederman Barreto
Ignez Campedelli Martensen
Isabella Stengel
Ivan Ormenesse
Ivana Fontes
Izabel Uliana Martinelli
Izabella Cunha
Jadson Rocha
Jailton Moreira
Jaques Lamac
Jefferson Dias
Jessica Ziegler de Andrade
Jheferson Neves
Jo de Souza
Joao C H Antunes
João Luís Nogueira
Joel Franco Guzmán
Jorge de Oliveira Araujo

Jorge Verlindo
Juan Carlos Ortiz Viloria
Júlia Gamarano
Júlia Ramiro Belintani
Júlia Vita
Juliana Costa Cunha
Juliana Slatiner
Juliano Abramovay
Júlio César Bernardes Santos
Jussara Amâncio
Kátia Pisciotta
Laís Araruna de Aquino
Lara Galvão
Lara Haje
Laura Artigas Forti
Laura Cristina Stobäus
Laura Redfern Navarro
Leda Seixas
Leitor Albino
Leonam Lucas Nogueira
Leonardo Pinto Silva
Leonardo Zeine
Liane Pisciotta
Lili Buarque
Lizia Ymanaka Barretto
Lolita Beretta
Lorenzo Cavalcante
Louise Belmonte
Lucas Ferreira

Lucas Lazzaretti
Lucas Verzola
Lucia Cavalieri
Luciano Cavalcante Filho
Luciano Dutra
Lucimar Silva Alves Morgan
Luis Cosme Pinto
Luis Felipe Abreu
Luis Galdino
Luísa Machado
Luiza Leite Ferreira
Luiza Lorenzetti
Lygia Alves Neder
Mabel
Maíra Thomé Marques
Manoela Machado Scafuri
Marcela Roldão
Marcelo Conde
Marcelo Costa Santos
Marcia Regina Takeuchi
Marco Bardelli
Marcos Vinícius Almeida
Marcos Vitor Prado de Góes
Marcus Antônio Capossoli
Maria Ângela de Ambrosis
Maria Aparecida
           Candido Salles Resende
Maria Cecilia de Vilhena Moraes
Maria Cecilia Roth

Maria de Lourdes
Maria Fernanda
      Vasconcelos de Almeida
Maria Inez Porto Queiroz
Maria Luisa
Maria Luíza Chacon
Mariana Donner
Mariana Figueiredo Pereira
Mariana Meira Polli Artigas
Marina Lourenço
Mario Luis Ribeiro Cesaretti
Marx Xavier
Mateus Borges
Mateus Magalhães
Mateus Torres Penedo Naves
Matheus Picanço Nunes
Mauro Lantzman
Mauro Paz
Mayara Almeida
Mikael Rizzon
Milena Martins Moura
Mirela Rappaport
Miriam I C Salles
Moema Vilela
Mônica Pimenta
Natalia Timerman
Natália Zuccala
Natan Schäfer

Nichan Dichtchekenian
Nilton Rappaport
Nina Halévy Guedes
Omar Sanchez
Otto Leopoldo Winck
Patricia Decot Pernambuco
Patricia Helena dos Santos Felício
Patrícia Jundi Penha
Paul Lewis
Paula Luersen
Paula Maria
Paulo Ricardo Zemella Miguel
Paulo Scott
Pedrinho Vieira Neto
Pedro Milliet
Pedro Torreão
Pietro A. G. Portugal
Plinio de Almeida Maciel Junior
Rafael Atuati
Rafael Mussolini Silvestre
Raphaela Miquelete
Raquel Reine Areias Gandra
Regina Vicentini
Renata Foloni Ferraz
Renato Bocabello
Ricardo Kaate Lima
Ricardo Pecego
Rioco Kayano

Rita de Podestá
Roberto Ramos
Rodrigo Barreto de Menezes
Rosiane de Fatima
    Pedro de Araujo
Rute Albuquerque
Samara Belchior da Silva
Samira Alvares de Pierri
Sandra Aparecida Leite
Sandra Degenszajn
Sandra Elizabeth Charity
Sandra Peres Martins
Sarita Carmona Bastardas Vallés
Semíramis Telfer
Sergio Kon
Sergio Mello
Sérgio Porto
Silvia de Ambrosis
    Pinheiro Machado
Sonia Regina Vaz
Stéphanie Mathias de Tarso
Steven Beggs
Tales Ferreira Machado
Tatiana Abreu
Thais Fernanda de Lorena
Thassio Gonçalves Ferreira
Thayná Facó
Tiago Moralles

Tiago Velasco
Valdir Marte
Valeria de Mendonca
Vanda Pereira
Vanessa Chacur Politano
Vera Eunice Dal Poggetto
Vitor Felipe Wutzki
Vitor Takayanagi de Oliveira
Wcslley Silva Ferreira
Wibsson Ribeiro
Yvonne Miller

EDIÇÃO André Balbo
CAPA Luísa Machado
REVISÃO Veneranda Fresconi
PROJETO GRÁFICO Leopoldo Cavalcante

PUBLISHER Leopoldo Cavalcante
EDITOR-CHEFE André Balbo
ASSISTÊNCIA EDITORIAL Gabriel Cruz Lima
DIREÇÃO DE ARTE Luísa Machado
COMERCIAL Marcela Roldão
COMUNICAÇÃO Luiza Lorenzetti e Marcela Monteiro

ABOIO EDITORA LTDA
São Paulo — SP
(11) 91580-3133
www.aboio.com.br
instagram.com/aboioeditora/
facebook.com/aboioeditora/

© da edição Cachalote, 2025
© do texto Camilla Loreta, 2025
© da capa Deni Pisciotta Lantzman, 2025

Todos os direitos reservados. Nenhuma parte desta obra pode ser reproduzida, arquivada ou transmitida de nenhuma forma ou por nenhum meio sem a permissão expressa e por escrito da Aboio.

Grafia atualizada segundo o Acordo Ortográfico da Língua Portuguesa de 1990, que entrou em vigor no Brasil em 2009.

Dados Internacionais de Catalogação na Publicação (CIP)
Bruna Heller — Bibliotecária — CRB10/2348

L869d
    Loreta, Camilla.
        Dia quente de inverno / Camilla Loreta.– São Paulo, SP: Cachalote, 2025.
        138 p., [18 p.] : il. ; 16 × 19 cm.

        ISBN 978-65-83003-46-1

1. Literatura brasileira. 2. Poesia. 3. Poemas. I. Título

                              CDU 869.0(81)-1

Índice para catálogo sistemático:
1. Literatura em português 869.0
2. Brasil (81)
3. Gênero literário: poesia -1

Este primeira edição foi composta em Adobe Garamond Pro e Martina Plantijn sobre papel Pólen Bold 70 g/m² e impressa em abril de 2025 pelas Gráficas Loyola (SP).

A marca FSC® é a garantia de que a madeira utilizada na fabricação do papel deste livro provém de florestas que foram gerenciadas de maneira ambientalmente correta, socialmente justa e economicamente viável, além de outras fontes de origem controlada.